IGREJA SINODAL

TEOLOGIA DO PAPA FRANCISCO

IGREJA SINODAL

MARIO DE FRANÇA MIRANDA

Dados Internacionais de Catalogação na Publicação (CIP)
(Câmara Brasileira do Livro, SP, Brasil)

Miranda, Mario de França
Igreja sinodal / Mario de França Miranda. – São Paulo : Paulinas, 2018.
– (Coleção teologia do Papa Francisco)

ISBN 978-85-356-4380-0

1. Igreja - Cristianismo 2. Francisco, Papa, 1936- 3. Igreja Católica
- Aspectos sociais 4. Religião e sociedade 5. Teologia - Aspectos sociais
I. Título. II. Série.

18-13400   CDD-262.13

Índice para catálogo sistemático:
1. Igreja Católica : Papas : Magistério pastoral   262.13

1ª edição – 2018
3ª reimpressão – 2023

Direção-geral:	Flávia Reginatto
Conselho editorial:	Dr. Antonio Francisco Lelo
	Dr. João Décio Passos
	Maria Goretti de Oliveira
	Dr. Matthias Grenzer
	Dra. Vera Ivanise Bombonatto
Editores responsáveis:	Vera Ivanise Bombonatto
	João Décio Passos
Copidesque:	Ana Cecilia Mari
Coordenação de revisão:	Marina Mendonça
Revisão:	Sandra Sinzato
Gerente de produção:	Felício Calegaro Neto
Diagramação:	Jéssica Diniz Souza

Nenhuma parte desta obra poderá ser reproduzida ou transmitida
por qualquer forma e/ou quaisquer meios (eletrônico ou mecânico,
incluindo fotocópia e gravação) ou arquivada em qualquer sistema ou
banco de dados sem permissão escrita da Editora. Direitos reservados.

Paulinas
Rua Dona Inácia Uchoa, 62
04110-020 – São Paulo – SP (Brasil)
Tel.: (11) 2125-3500
http://www.paulinas.com.br – editora@paulinas.com.br
Telemarketing e SAC: 0800-7010081

© Pia Sociedade Filhas de São Paulo – São Paulo, 2018

TEOLOGIA DO PAPA FRANCISCO

A presente coleção Teologia do Papa Francisco resgata e sistematiza os grandes temas teológicos dos ensinamentos do papa reformador. Os pequenos volumes que compõem mais um conjunto da Biblioteca Francisco retomam os grandes temas da tradição teológica presentes no fundo e na superfície desses ensinamentos tão antigos quanto novos, oferecidos pelo Bispo de Roma. São sistematizações sucintas e didáticas; gotas recolhidas do manancial franciscano que revitalizam a Igreja e a sociedade por brotarem do coração do Evangelho.

CONHEÇA OS TÍTULOS DA COLEÇÃO:

ORGANIZAÇÕES POPULARES
Francisco de Aquino Júnior

ESPÍRITO SANTO
Victor Codina

IGREJA DOS POBRES
Francisco de Aquino Júnior

IGREJA SINODAL
Mario de França Miranda

IGREJA EM DIÁLOGO
Elias Wolff

MÉTODO TEOLÓGICO
João Décio Passos

HOMILIA
Antonio Sagrado Bogaz
e João Henrique Hansen

DOUTRINA SOCIAL
Élio Estanislau Gasda

JESUS CRISTO
Antonio Manzatto

PIEDADE POPULAR
Ney de Souza

PROJETO MISSIONÁRIO
Paulo Suess

INTRODUÇÃO

O caminho da sinodalidade
é justamente o caminho que Deus espera
da Igreja do Terceiro Milênio.

(Papa Francisco)

Sem dúvida alguma, estamos vivendo uma mudança de época não só na sociedade, mas também na própria Igreja. Todo o enorme esforço empregado no evento do Concílio Vaticano II e sedimentado na riqueza de seus textos visava a corrigir uma compreensão de Igreja que não mais irradiava como deveria a Boa-Nova do Evangelho. A opção conciliar de iniciar a Constituição dogmática *Lumen Gentium* a partir da noção de *povo de Deus* recuperava a dignidade de todos os batizados no interior da comunidade eclesial, reconhecendo-os como sujeitos ativos na missão evangelizadora. Sabemos que certa tendência centralizadora emergiu nos anos posteriores, diminuindo assim a importância da conquista conciliar e provocando certo mal-estar entre os teólogos e também entre figuras mais significativas do episcopado. Portanto, a eleição do Papa Francisco se explica, em parte, como uma reação do episcopado católico à centralização exagerada por parte da Cúria Romana.

Outro fator, talvez menos lembrado neste contexto, diz respeito a certo intelectualismo e juridicismo presentes na vida da Igreja ocidental, exportados também para as demais regiões do planeta. Tudo parecia poder ser enquadrado e resolvido pela razão teológica e pela normatividade canônica. Documentos muito bem elaborados do ponto de vista doutrinal e canônico não alcançavam a repercussão esperada entre os fiéis. Mencionemos ainda, devido a uma concepção tradicional da hierarquia recebida na formação se podia constatar uma concentração de poder nas mãos do clero, reduzindo o laicato a uma massa passiva sem voz e sem vez. Por sua vez, a diminuição do efetivo presbiteral dos últimos anos tornou ainda mais patente e dramático o impasse a que levava o clericalismo reinante.

De um modo geral subjazia uma mentalidade mais preocupada em preservar a Igreja das influências negativas da sociedade através de um controle severo de manifestações e de publicações que parecessem acolher novas ideias e tendências de cunho teológico, social ou mesmo cultural, consideradas muitas delas errôneas e perigosas para a fé. A defesa da ortodoxia recorria a processos de pouca transparência com participação mínima dos incriminados. Recorria-se normalmente a princípios e a normas gerais a serem recebidos e vividos pelos membros da Igreja, independentemente de sua situação concreta ou de seus condicionamentos existenciais.

A reação a esse estado de coisas já fora iniciada pelo Concílio Vaticano II, e recebeu ênfases diversas, dada a diversidade e complexidade do momento eclesial. Vejamos algumas numa breve e incompleta enumeração: colegialidade episcopal, valorização da Igreja Local, reconhecimento da dignidade e do papel do laicato na evangelização, Igreja em missão, fé inculturada, respeito à liberdade do cristão, diálogo sincero com a sociedade atual, maior espaço para a mulher na Igreja, reconhecimento dos esforços presentes nas outras Igrejas cristãs, e mesmo em outras religiões, pela justiça e pela paz no mundo.

Aqui tomaremos como orientação básica a noção de *sinodalidade*, que não deixa de estar em sintonia e mesmo abranger boa parte do que foi antes elencado. Mais do que uma noção técnica e precisa, ela aponta para uma nova mentalidade na vida da Igreja que atinge *todos* os seus membros. Naturalmente não esgota todos os imperativos e as exigências da reforma eclesial levada adiante pelo Papa Francisco, mas sintetiza bem seu espírito e seu alcance, e explica mesmo a reação que tem encontrado por parte de alguns no interior da Igreja. Porque, no fundo, se trata de mudar todo um imaginário social, presente até então na

Igreja, com suas representações e práticas, tarefa nada fácil que requer tempo e paciência.

Etimologicamente, o termo "sinodalidade" significa "caminhar juntos" e será aqui empregado num *sentido lato* que, embora privilegie a Igreja local, não se limita à mesma, abrangendo o que conhecemos como colegialidade episcopal, ou mesmo abrigando em si todas as relações dos fiéis no interior da Igreja. Também deve ser entendido como uma sinodalidade "informal", o que não exclui a necessidade de instituições que garantam a atuação ou a presença de diferentes sujeitos nesta caminhada comum.[1]

A pergunta de base que motiva este texto pode ser assim formulada: por que deve a Igreja ter essa característica de sinodalidade, expressa em sua autocompreensão e em sua estrutura institucional? Procuraremos responder a essa questão a partir de um enfoque trinitário. Desse modo, buscamos fundamentar a insistência corajosa do Papa Francisco em concretizar uma Igreja sinodal, apesar das resistências de alguns, devidas a razões diversas: aversão a mudanças, medo de perda de poder e de prestígio, ceticismo pela complexidade da tarefa, sentimentos de insegurança, para citar só algumas.

---

[1] A. BORRAS, Sinodalità ecclesiale, processi partecipativi e modalità decisionali. In: A. SPADARO; C. M. GALLI (ed.). *La Reforma e le Riforme nella Chiesa*. Brescia, Queriniana, 2016, p. 212-215.

Observamos já de início que o tema da sinodalidade irá se configurar de um modo muito pessoal no magistério do Papa Francisco devido à sua história de vida. Realmente é um papa que trouxe consigo, para o Vaticano, uma rica experiência pastoral, um conhecimento direto das condições de vida das populações mais pobres da periferia de Buenos Aires, uma vivência espiritual haurida na escola de Santo Inácio, marcada pelo respeito à pessoa e pelo discernimento em vista de sintonizar com a ação do Espírito Santo.

1

O PROJETO DO PAI PARA A HUMANIDADE

Aprendemos que a razão última da iniciativa de Deus com a criação está no próprio Deus: sendo eterna e infinitamente feliz, quis que outros seres participassem dessa sua felicidade. O ato criador é um ato livre, um ato de amor. Aprendemos também que todo o mundo em evolução desembocou no surgimento da raça humana, da qual nasceria Jesus Cristo, conforme nos ensina o Novo Testamento (Cl 1,15-18). A Bíblia, por seu lado, nos atesta que o desígnio de Deus para a humanidade já tem início neste mundo, alcançando sua perfeição na vida eterna com Deus. Naturalmente a compreensão desse plano salvífico amadureceu ao longo dos séculos na história de Israel e ainda recebeu interpretações cristológicas na era cristã.

Característica fundamental desse projeto divino do Pai está na constituição de um *povo*, o povo eleito para levar a outros povos a verdade e as promessas salvíficas feitas primeiramente ao povo judeu.[1] Numa palavra, Deus quis se

---

[1] G. LOHFINK. *Deus precisa da Igreja? Teologia do Povo de Deus.* São Paulo, Loyola, 2008.

servir de um povo para anunciar seu desígnio de salvação ou de felicidade para a humanidade. Esse povo deveria, no trato entre seus membros, na vida pessoal, familiar e social, obedecer à vontade de Deus, ao seu plano primeiro. Poderíamos quase dizer que sua realidade histórica seria como que uma *sociedade alternativa* para as demais, atingidas pelas consequências do pecado humano: injustiças, sofrimentos, agressividades, desuniões, violências etc.

Ao iniciar sua vida apostólica com o anúncio do *Reino de Deus*, Jesus continua na mesma linha aberta pelos profetas, a saber, reformar seu próprio povo para que pudesse desempenhar na história o papel que lhe reservara o Deus Altíssimo. Com a rejeição dos cristãos por parte dos judeus, irá nascer o Novo Povo de Deus, a comunidade cristã, numa palavra, a Igreja. Sua razão de ser continua a mesma do povo de Israel, pois toda eleição na Bíblia implica uma vocação, uma tarefa. Portanto, a *finalidade* da Igreja é apenas esta: realizar e proclamar para a sociedade o projeto divino, resumido na pregação de Jesus como o "Reino de Deus". Fundamental aqui é manter a intenção primordial de Deus: a eleição é de um povo, e não de um indivíduo. A tarefa decorrente dessa eleição é de um povo, e não de um indivíduo. Todos são membros ativos, como fica claro na descrição que Paulo nos oferece das comunidades cristãs primitivas (1Cor 12,1-11) ou na metáfora do "Corpo de

Cristo", no qual todos os membros são necessários em vista da missão (1Cor 12,12-30).[2] Ainda nos primeiros anos do cristianismo, a evangelização era de todo informal e realizada por qualquer cristão que comunicasse a outros sua experiência salvífica.[3]

Entretanto, a história da Igreja nos ensina que o protagonismo ativo foi se tornando responsabilidade apenas de uma elite, a saber, da classe dos clérigos dotados de uma formação especial e separados do restante do povo de Deus.[4] As razões dessa mudança são várias: o perigo das heresias, a elevação do cristianismo à religião oficial do império romano, a sociedade medieval com suas classes sociais bem definidas, a disputa pelo poder da Igreja com os principados no tempo da cristandade e posteriormente com o Estado nascente, apresentando-se como uma sociedade perfeita, tal como a sociedade civil dotada de hierarquias e distribuição desigual de poder. Desse modo, chegou-se ao extremo de ver nos clérigos os únicos sujeitos ativos na Igreja a instruir e guiar um laicato majoritário, porém, passivo e carente de formação adequada, a tal ponto que, quando então se falava

---

[2] J. A. ESTRADA. *Para compreender como surgiu a Igreja*. São Paulo, Paulinas, 2005, p. 489-572.

[3] S. DIANICH. *La Chiesa Cattolica verso la sua Riforma*. Brescia, Queriniana, 2014, p. 34s.

[4] G. LAFONT. *Imaginer l'Église Catholique*. Paris, Cerf, 1995, p. 49-84.

de Igreja, para louvar ou para criticar, se referia sempre ao papa, aos bispos e aos padres.

Apesar de reivindicações recorrentes como o movimento franciscano ou como a "devotio moderna", apesar de protestos mais substanciosos como a reforma luterana, a situação perdurou e até se agravou por uma centralização excessiva do papado e da Cúria Romana nos últimos séculos, sem dúvida também influenciada pelo absolutismo então reinante nas sociedades do tempo. O Concílio Vaticano II representa um divisor de águas nessa matéria. Ao construir uma eclesiologia, partindo não da hierarquia como era habitual, optou por iniciar a compreensão da Igreja como povo de Deus, em que todos gozam de igual dignidade e fundamental igualdade e vocação (LG 30), estão capacitados a participar ativamente da missão evangelizadora da própria Igreja (LG 9 e 10),[5] a tal ponto que recebem um decreto próprio sobre o apostolado dos leigos (AA) que determina existir na Igreja diversidade de ministérios, mas unidade na missão (AA 2), podendo os leigos e leigas por direito e por dever exercer seus carismas próprios (AA 3). Essa opção conciliar é decisiva para a realização de uma Igreja sinodal.[6] O Novo Código de Direito Canônico pos-

---

[5] Ver: M. FRANÇA MIRANDA. *A Igreja que somos nós*. São Paulo, Paulinas, 2016, p. 26-30.

[6] G. ROUTHIER. Il Rinnovamento della vita sinodale nelle chiese locali. In: A. SPADARO; C. M. GALLI (ed.). *La Riforma e le riforme nella Chiesa*, p. 238.

sibilitou maior participação de todos na Igreja pela criação de órgãos representativos como o Conselho Presbiteral, o Conselho Pastoral, o Conselho Pastoral diocesano, o Sínodo Diocesano, o Sínodo dos Bispos, o Conselho Paroquial, para citar alguns. Mas essas conquistas conciliares só foram parcialmente recebidas na legislação da Igreja ou, quando recebidas, nem sempre conservaram integralmente seu valor.[7] Assim, a temática da colegialidade episcopal recebeu uma expressão insuficiente nos sínodos romanos, e com relação ao laicato o *munus regendi* não recebeu um cânon específico, ao contrário do *munus docendi* e do *munus santificandi* (cânon 759 e 835), reservando-lhe somente uma colaboração no exercício de poder da hierarquia (cânon 129 § 2), reduzida apenas a um voto consultivo.

Devemos, entretanto, recuperar a verdade eclesiológica do Vaticano II, expressa nos capítulos I e II da Constituição dogmática sobre a Igreja. Importante ajuda nos oferece o Documento de Aparecida ao afirmar que o sacerdócio ministerial está a serviço do sacerdócio comum dos fiéis (193) e ao recomendar maior espaço de participação aos leigos também na elaboração e execução de projetos pastorais (213) e na tomada de decisões (371), confiando-lhes

---

[7] G. ALBERIGO. Synodalität in der Kirche nach dem Zweiten Vatikanum. In: W. GEERLINGS; M. SECKLER (Hrsg.). *Kirche Sein. Nachkonziliäre Theologie im Dienst der Kirchenreform.* Freiburg, Herder, 1994, p. 333-347.

ainda ministérios e responsabilidades (211). Reconhece, contudo, que esse objetivo não será atingido sem uma séria e profunda mudança de mentalidade de todos na Igreja, especialmente da hierarquia (213). Não podemos deixar de mencionar as Comunidades Eclesiais de Base, frutos da ação do Espírito Santo, as quais recolhem as experiências das primeiras comunidades cristãs nas quais a comunhão e a participação de todos eram uma realidade evidente.

No fundo, estamos diante de uma séria reviravolta na compreensão da Igreja: a ação salvífica de Deus se dirige a *toda comunidade dos fiéis*, que é primeira, que crê, espera e ama, que torna Cristo presente na sociedade, que batiza, perdoa e celebra a Eucaristia. Nessa comunidade eclesial cada um tem sua identidade e missão, conforme seu carisma e seu ministério.[8] Com outras palavras, a comunidade dos fiéis é primeira, os ministérios estão a serviço dela.[9]

---

[8] G. LAFONT. *Petit essai sur le temps du pape François*. Paris, Cerf, 2017, p. 203.

[9] F. TABORDA. *A Igreja e seus ministros: uma teologia do ministério ordenado*, São Paulo, Paulus, 2011, p. 27-133.

2

COMO JESUS CRISTO PROCLAMOU E REALIZOU ESTE PROJETO

A proclamação do Reino de Deus por parte de Jesus Cristo acontece na sequência das promessas veterotestamentárias e delas recebe seu sentido. Suas palavras na sinagoga de Nazaré, depois da leitura do profeta Isaías, não permitem qualquer dúvida: "Hoje se cumpriu aos vossos ouvidos essa passagem da Escritura" (Lc 4,21). E na resposta dada aos enviados por João Batista na prisão, deixa claro que suas ações testemunham a realização das promessas de Deus a seu povo (Mt 11,2-6). Entretanto, sem pretender revogar a Lei ou os profetas, Jesus veio para lhes dar pleno cumprimento (Mt 5,17), como aparece em sua tomada de posição pessoal diante da Lei: "ouvistes o que foi dito... eu porém vos digo" (Mt 5,20-47).

Entretanto, não podemos encontrar em seus ensinamentos orientações diretas e precisas que servissem para *estruturar institucionalmente* a futura comunidade cristã. Sabemos que essa tem início em Pentecostes, embora Jesus tenha manifestado claramente na escolha dos doze apóstolos sua intenção de reunir as doze tribos de Israel para que o povo eleito melhor desempenhasse seu papel na história humana. Se não podemos haurir de sua vida uma eclesiologia acabada, nem por isso suas palavras e ações deixam de incidir fortemente na vida da Igreja. Vejamos.

Sua vida em vista da realização do Reino foi uma existência para os outros, uma existência descentrada de si, uma existência atenta e solícita ante as carências e os sofrimentos alheios. Diante do enorme desafio de transformar seus contemporâneos e assim também a sociedade de seu tempo, Jesus não dispunha de grandes recursos humanos e nem se apoiava no poder e no prestígio. Suas palavras e suas ações nem sempre correspondiam ao imaginário e às práticas da religião de seu tempo, provocando, assim, reações crescentes por parte das autoridades. Consequentemente, a construção progressiva do Reino irá se efetivando na fraqueza humana e na força de Deus, tendo seu ápice na paixão e na morte de cruz, não como eventos de uma derrota, mas como antecedentes de uma vitória na vida eterna com o Pai.

Ao conviver com pecadores e publicanos (Mt 11,19; Lc 15,2), sem dramatizar sua condição (Jo 8,1-11), mas perdoando seus pecados com grande generosidade (Lc 7,36-49), Jesus justifica seu comportamento através das parábolas da misericórdia (Lc 15). Subjacente a suas palavras e ações, emerge a figura de um Deus misericordioso que conhece profundamente o ser humano mais que ele próprio, que humildemente sai atrás do pecador e se alegra grandemente com sua conversão (Lc 15,4s). Naturalmente o comportamento de Jesus contrariava os defensores das exigências legais vigentes no tempo para o perdão dos pecados.

Jesus também deixou claro que os colaboradores de Deus na difusão do Reino não se devem julgar superiores aos demais e nem mesmo utilizar sua autoridade apostólica como uma instância de poder. Ao censurar o pedido dos irmãos Tiago e João, seus discípulos, Jesus lhes ensina:

> Sabeis que os governadores das nações as dominam e os grandes as tiranizam. Entre vós não deverá ser assim. Ao contrário, aquele que quiser tornar-se grande entre vós seja aquele que serve, e o que quiser ser o primeiro dentre vós, seja o vosso servo. Desse modo, o Filho do Homem não veio para ser servido, mas para servir e dar sua vida como resgate por muitos (Mt 20,24-28).

A intenção de Jesus ao enviar seus discípulos em missão era que eles se pusessem como ele a serviço do Reino. Somente desse encargo se justificava sua autoridade (*exusia*), autoridade em função do Reino (Lc 10,16) que não deveria perder sua finalidade mesmo se institucionalizada, como realmente se deu. A autoridade decorrente desse serviço ao Reino não pode ser equiparada ao poder civil e jurídico presente na sociedade.[1]

Infelizmente, a história da Igreja demonstra quão difícil é manter-se fiel a esse *espírito de serviço* determinado pelo próprio Cristo. Ainda vemos em Paulo alguém que se considerava a serviço de suas comunidades, respeitando os carismas diversos nelas presentes, só intervindo quando se fazia necessário. Mas o crescimento das comunidades fará emergir seja um colégio de presbíteros ou anciãos (At 14,23), seja posteriormente o monoepiscopado (1Tm 3,1-7). O epíscopo, como o nome já indica, tem uma tarefa mais de supervisão, de coordenação dos demais carismas, com responsabilidades que lhe são próprias. Entretanto, a elevação do cristianismo a religião oficial do Império Romano trouxe consigo as estruturas institucionais próprias da sociedade e da religião daquele tempo.[2] Com isso, as autoridades eclesiásticas ganharam privilégios, status social, tarefas temporais, com consequente aumento de *poder* na sociedade, que irá, como já observamos, caracterizar a relação entre Igreja e poder civil nos séculos posteriores e, ainda em nossos dias, constitui a característica maior do

---

[1] W. THÜSING. Dienstfunktion und Vollmacht kirchlicher Ämter nach dem Neuen Testament. In: W. WEBER (Hrsg.). *Macht, Dienst, Herrschaft in Kirche und Gesellschaft*. Freiburg, Herder, 1974, p. 61-74.

[2] F.-X. KAUFMANN. *A crise na Igreja. Como o cristianismo sobrevive?* São Paulo, Loyola, 2013, p. 21-43.

clericalismo, enquanto mentalidade que fundamenta a sobrevivência de uma casta na Igreja.

Por outro lado, o *modo de proceder* de Jesus Cristo em suas palavras e em suas ações já nos é tão familiar e corriqueiro que temos dificuldade em entendê-lo como o *modo* pelo qual o próprio Deus quer que colaboremos em seu projeto pela humanidade. Entretanto, deveríamos ter maior consciência de que *toda a vida* de Jesus é revelação de Deus (Jo 14,9), é manifestação não só do desígnio salvífico para com a humanidade, mas também do *modo* como este deve ser realizado. Essa dificuldade se manifestou com toda a sua força por ocasião do Concílio Vaticano II. Embora um grupo de bispos lutasse por uma Igreja mais pobre e menos poderosa, mais próxima dos necessitados e menos ligada ao poder civil, essa proposta foi ignorada pela maioria, conseguindo apenas uma menção na Constituição dogmática *Lumen Gentium*, que poucas consequências teve no conjunto dos demais documentos. Vale a pena reproduzir este importante texto:

Assim como Cristo consumou a obra da redenção na pobreza e na perseguição, assim a Igreja é chamada a seguir o mesmo caminho a fim de comunicar aos homens os frutos da salvação. Cristo Jesus "como subsistisse na condição de Deus, despojou-se a si mesmo, tomando a condição de servo" (Fl 2,6) e por nossa causa "fez-se pobre embora fosse rico" (2Cor 8,9): da mesma maneira a Igreja, embora necessite dos bens humanos para executar sua missão, não foi instituída para buscar a glória terrestre, mas para proclamar, também pelo seu próprio exemplo, a humildade e a abnegação (LG, 8).

O que não foi conseguido no Concílio obteve outro resultado na recepção desse Concílio pelo episcopado latino-americano através das Assembleias Episcopais de Medellín, Puebla, Santo Domingo e Aparecida. Preocupada com a imensa multidão de pobres neste subcontinente, a Igreja procurou fazer-se mais próxima deles, revestindo-se, assim, de maior simplicidade e sobriedade, experimentando em muitos de seus ministros as duras condições de vida dos empobrecidos e marginalizados, estimulando muitos de seus filhos, bispos, presbíteros, leigos e leigas, a partilharem a vida dos mais humildes da sociedade, indo corajosamente na contramão de uma sociedade individualista e consumista.

A opção pelos pobres, fruto da ação do Espírito Santo na Igreja da América Latina, logo se viu assumida também pelas Igrejas da África e da Ásia, atingindo por fim toda a Igreja, com gradações diversas, e recebendo uma aprovação definitiva pelo magistério de João Paulo II com a Encíclica *A solicitude social da Igreja* de 1987. Entretanto, não se muda uma mentalidade incrustada durante séculos, a não ser num processo lento, sujeito a "vaivéns", paciente e confiante na força de Deus. Por isso mesmo resta ainda um longo caminho a ser percorrido.

O mesmo nós poderíamos afirmar com relação ao ministério ordenado na Igreja. Embora conscientes de que se trata de um serviço, de uma *diaconia*, encontramos nos textos conciliares também a expressão "poder" (*potestas*). Certo modo autoritário de governo, dificuldade de escuta e de diálogo, centralização da Cúria Romana, emanação de normas sem ter em consideração as condições concretas de vida de seus destinatários, uniformização forçada da reflexão teológica na Igreja, enfraquecimento das Igrejas locais e de suas autoridades, foram alguns sintomas que ainda experimentamos nestes últimos anos e que comprovam que certa mentalidade mundana e retrógrada ainda existe entre nós. O fomento e o culto a um modo clerical de vida entre as novas gerações de ministros eclesiásticos, manifestadas em gastos com vestimentas, em excessos litúrgicos, em certa consciência de superioridade com relação ao laicato, em conceber o ministério como carreira eclesiástica, em se refugiar no âmbito do sagrado diante de uma sociedade complexa e crítica que não mais lhe reconhece o status social privilegiado do passado.

Não é nada fácil se manter fiel ao exemplo de vida de Jesus que se fez pobre e frágil, demonstrando assim a força de Deus, em sua missão pelo Reino. Foi desse modo que se efetuou a salvação da humanidade, modo este bastante paradoxal e de difícil aceitação numa sociedade na qual imperam os ídolos do individualismo consumista e da eficácia produtiva, embora se mostre cada vez mais vazia de sentido, desumana e violenta, devido às desigualdades sociais e às carências do básico para a vida em crescimento incontrolável. Mais do que nunca, a Igreja deveria seguir o exemplo de Jesus, renovando sua fé em Deus, para quem nada é impossível, que tem seus caminhos que não são os nossos, que nos assiste continuamente ao colaborarmos em seu projeto salvífico desde que reconheçamos essa verdade ao implorarmos sua ajuda.

3

A AÇÃO DO ESPÍRITO SANTO NAS COMUNIDADES CRISTÃS

Vimos até aqui como não só o projeto do Pai visava à formação de um povo que o realizasse na história, mas também examinamos quão decisiva foi a pessoa do Filho ao determinar com sua vida e com suas palavras como esse povo de Deus devia proclamar e tornar realidade o Reino de Deus na história humana. Entretanto, o quadro ainda se encontra incompleto, porque os textos neotestamentários nos afirmam que sem o Espírito Santo não pode haver comunidade eclesial.

Realmente tanto João quanto Paulo nos atestam que o Espírito Santo é *dado à Igreja*: o Pai *vos* dará o Espírito, *vos* enviará; o Espírito *vos* ensinará, *vos* conduzirá, *vos* fará conhecer (Jo 14 e 16). "O amor de Deus foi derramado em *nossos* corações pelo Espírito Santo que *nos* foi dado" (Rm 5,5). Em Pentecostes, o Espírito é derramado sobre os presentes (At 1,15), e Paulo afirma que a diversidade de dons concedida a *todos* constitui um único corpo, pois provém do mesmo Espírito (1Cor 12,4-11). Realmente os destinatários do Espírito são nomeados sempre no plural.

Pois não haveria Igreja sem a escuta e o acolhimento na fé do querigma salvífico, sendo essa opção obra do Espírito Santo (1Cor 12,3). É o mesmo Espírito Santo que nos orienta para interpretarmos corretamente o evento Jesus Cristo.[1] Portanto, a Igreja da Palavra é necessariamente a Igreja do Espírito, e suas celebrações litúrgicas são também obras do Espírito, atuante nos participantes, e principal fator da eficácia dos sacramentos, tal como vemos na *epiclese* da Eucaristia, tão valorizada entre os orientais. Na verdade, todas as ações salvíficas da Igreja são epicléticas.[2] Podemos mesmo afirmar que toda a vida da Igreja é epiclética sem mais. Daí a afirmação de Santo Irineu: "Onde está a Igreja (comunidade dos fiéis), aí está o Espírito de Deus".[3]

A própria noção de *comunhão*, que fundamenta o que entendemos por comunidade cristã, provém da *participação de todos* no mesmo Espírito: "A comunhão do Espírito Santo" (2Cor 13,13), já que aqui se trata de um genitivo objetivo. Ela abrange a comunhão nos bens provindos de Deus: no mesmo Evangelho (Fl 1,5), na mesma fé (Fl 1,6), no mesmo Deus (1Jo 1,3), no mesmo Cristo (1Cor 1,9),

---

[1] Y. CONGAR. *A Palavra e o Espírito*. São Paulo, Loyola, 1989, p. 45.
[2] Id. *Je crois en l'Esprit Saint III*. Paris, Cerf, 1980, p. 343-351.
[3] *Adv. Haer.* III, 24, 1.

na mesma Eucaristia (1Cor 10,16). O mesmo Espírito que atuou na vida de Jesus atua hoje nos cristãos (LG, 7), a saber, o Espírito de Cristo ressuscitado, para plasmar neles uma existência semelhante à de Cristo (Fl 3,11s), constituindo-os assim filhos de Deus. "O Senhor e o Espírito atuam na mesma esfera e fazem o mesmo. O Senhor atua como Espírito e o Espírito realiza a obra do Senhor".[4]

Daqui decorrem sérias consequências para a vida da Igreja. Pois o batizado goza da igual dignidade dos demais membros da Igreja resultante da recepção do sacramento. De fato, os sacramentos não são apenas "sinais da graça", mas introduzem os cristãos num *status novo* que determina relações peculiares com Deus e com os demais irmãos. Portanto, os sacramentos são responsáveis por certa *institucionalidade fundamental.*[5] Esse direito da graça é mais fundamental que o direito legislativo,[6] sem negar que este último seja legítimo e necessário, embora não deva impedir o primeiro.[7]

---

[4] Y. CONGAR. Pneumatologie Dogmatique. In: B. LAURET; F. REFOULÉ (org.). *Initiation à la pratique de la théologie II*. Paris, Cerf, 1988, p. 508.

[5] H.-M. LEGRAND. Grâce et institution dans l'Église: les fondements théologiques du droit canonique. In: *L'Église: institution et foi*. Bruxeles, 1979, p. 161.

[6] Y. CONGAR. *A Palavra e o Espírito*, cit., p. 95.

[7] Legrand alude em seu texto à lei do celibato presbiteral, que impediria, pela carência de clero, o acesso à Eucaristia por parte de muitos que teriam tal direito pelo seu batismo.

Já pelo fato de distribuir seus dons que, embora diversos, provêm da mesma fonte (1Cor 12,4) e se destinam à construção da comunidade eclesial (1Cor 14,12.26), o Espírito Santo é também responsável pela constituição institucional da Igreja, é *princípio constituinte* da Igreja[8] e está construindo-a ativamente sem cessar. Portanto, a plenitude de sua ação reside na *totalidade* dos diversos dons e carismas por ele concedidos, devendo ser respeitados, valorizados e realmente exercidos. Silenciá-los autoritariamente seria atingir o próprio Espírito (1Ts 5,19), embora se deva verificá-los "com discernimento" (1Ts 5,21), uma aptidão que Paulo supõe existente nos fiéis (1Cor 14,29; 1Ts 5,21). A diversidade de pessoas e de dons do Espírito atuantes nas comunidades cristãs irá caracterizá-las diversamente do ponto de vista organizacional ou institucional. Assim, já no Novo Testamento encontramos formas diferenciadas de comunidades, de vida comunitária, de estruturas eclesiais, devido aos carismas, ao contexto social, aos desafios presentes.[9]

Assim, a imagem da Igreja nas cartas pastorais concede grande importância à autoridade na comunidade para

---

[8] J. D. ZIZIOULAS. *Being as Communion.* London, Darton/Longman/Todd, 1985, p. 140.

[9] J. GNILKA. Strukturen der Kirche nach dem Neuen Testament. In: J. SCHREINER (Hrsg.). *Die Kirche im Wandel der Gesellschaft.* Würzburg, 1970, p. 30-40.

que a ordem seja mantida devido aos erros doutrinários que a ameaçam. Já a organização eclesial que emerge dos Atos dos Apóstolos, embora respeite o papel dos pastores na comunidade, apresenta uma comunidade que participa ativamente das suas decisões. As Cartas Paulinas nos manifestam uma comunidade composta de judeus e não judeus, capaz de cuidar de si própria em virtude da ação do Espírito Santo, que distribui a todos os membros dons e carismas específicos em vista da unidade, da ordem e da edificação da própria Igreja, e que, portanto, devem ser respeitados. Através da imagem de um corpo, tanto a unidade quanto a diversidade são necessárias. A participação de todos permite, sem dúvida, um melhor confronto com a sociedade evolvente.

Mais tarde (180-260), a enorme entrada de novos membros transforma o cristianismo numa religião de massa, fazendo com que se fortifique o monoepiscopado e surja a distinção entre clero e laicato. No século IV a sociedade civil, organizada com seu corpo de funcionários, influencia a estrutura hierárquica da Igreja.[10] Podemos ainda mencionar outros momentos históricos que repercutiram fortemente na vida interna da Igreja, como a hierarquização social própria do regime feudal, a questão das investiduras

---

[10] A. FAIVRE. *Chrétiens et Églises. Des identités en construction.* Paris, Cerf, 2011, p. 27-78.

e da desapropriação dos bens eclesiásticos, a reação ao absolutismo reinante na Europa, a concepção da Igreja como sociedade perfeita diante da sociedade civil, a ênfase no poder do papa, em parte pela perda do mesmo na sociedade, para só mencionarmos situações históricas que afetaram a compreensão e configuração da própria Igreja.

Devemos reconhecer que *herdamos* um catolicismo onde o hierárquico vale mais que o comunitário, a fidelidade à lei sobrepuja a docilidade ao Espírito, a palavra deprecia o silêncio, a organização e a eficácia dominam as atenções, as celebrações não mais remetem para além de si os seus participantes, não mais os colocam diante do Deus Vivo, não mais lhes proporcionam uma experiência salvífica. Infelizmente, com honrosas exceções, a Igreja está assim estruturada e essa configuração determina fortemente a mentalidade dos católicos. Urge corrigir o déficit pneumatológico da tradição ocidental.

Sabemos que no Concílio Vaticano II houve inúmeras intervenções em vista de equilibrar uma noção unilateral do papado. Consequentemente, a Constituição dogmática *Lumen Gentium*, em sua doutrina sobre o caráter sacerdotal do episcopado (LG, 21), sobre o colégio episcopal com sua cabeça (LG, 22) e sobre as relações dos bispos no interior do colégio (LG, 23), oferece uma importante revalorização do corpo episcopal. O episcopado como sacramento estabelece que os bispos recebam o cargo de ensinar, santificar e governar do próprio Senhor Jesus Cristo, e não indiretamente do papa, como se afirmava anteriormente, não mais podendo ser considerados "vigários do Sumo Pontífice" (LG, 27), embora só possa ser exercido tal múnus em comunhão hierárquica com a cabeça e com os demais membros do colégio episcopal. Esse colégio com o papa constitui a instância da autoridade suprema na Igreja, embora o papa conserve seu poder primacial, que lhe permite "sempre livremente exercer este seu poder" (LG, 22). Enquanto membro do colégio episcopal, o bispo deve ter "solicitude pela Igreja universal" (LG, 23). Consequentemente, as Igrejas locais podem ser, por si mesmas, sujeitos de pleno direito, bem como responsáveis pelas demais, sobretudo de sua região, o que na linha das antigas Igrejas patriarcais irá constituir as Conferências Episcopais (LG, 23).

A importância das Igrejas locais é claramente enfatizada no Concílio, seja pelo significado pastoral da cultura local para as expressões e práticas da fé (AG, 22), seja pelas formas e métodos adequados de apostolado (CD, 38), seja pela sua utilização na liturgia,[11] de tal modo que a Igreja local seja realmente *sujeito teológico e cultural* da evangelização. Para tal, seria necessário encontrar formas de colegialidade

---

[11] JOÃO PAULO II. Alocução à Cúria Romana (21/12/1984). *Acta Apostolicae Sedis* 77 (1985), p. 505.

que respeitem tanto o primado como a identidade episcopal de sucessores dos apóstolos, questão não resolvida no Vaticano II.[12] Também se reconhece hoje que a formulação do primado feita no Vaticano I empregando a ideia de uma soberania absoluta se deveu a causas históricas, que, enquanto tal, estaria limitada para situações extremas e excepcionais.[13] Também deveria ser desfeita a fusão do que compete ao papa como sucessor de Pedro e como bispo de Roma e patriarca da Igreja ocidental, distinção essa que permitiria outros patriarcados condizentes com os contextos respectivos.[14]

A realidade da Igreja como uma comunhão de Igrejas locais em união com a Igreja de Roma implica colegialidade ou a *sinodalidade* como característica essencial da Igreja de Jesus Cristo,[15] que, por sua vez, só será uma realidade se encontrar estruturas adequadas para efetivar essa comunhão. Daqui se segue a maior participação das Igrejas locais na nomeação de novos bispos, liberdade de opinar nos Sínodos Romanos, limitação do desempenho da Cúria Romana que não pode estar acima do episcopado unido ao papa, podendo consequentemente ser por ele reforma-

---

[12] W. KASPER. Petrine Ministry and Synodality. *The Jurist* 66 (2006), p. 303.

[13] H.-J. POTTMEYER. *Towards a Papacy in Communion.* New York, Herder, 1998, p. 51-75.

[14] J. RATZINGER. *O novo Povo de Deus.* São Paulo, Paulinas, 1974, p. 139.

[15] W. KASPER. *Katholische Kirche. Wesen. Wirklichkeit. Sendung.* Freiburg, Herder, 2011, p. 385.

da.[16] Apenas mencionemos a importância das Assembleias Episcopais do CELAM para a Igreja na América Latina enquanto "recepção" das conquistas do Vaticano II em nossa realidade.

Nos anos que se seguiram ao Concílio, houve uma clara revalorização do episcopado no seio da Igreja. Poderíamos enumerar o Sínodo dos Bispos junto ao papa, as Conferências Episcopais tornadas obrigatórias, a recomendação de encontros supranacionais de Conferências Episcopais à semelhança do CELAM, certa internacionalização da Cúria Romana. Entretanto, nos anos mais recentes pode ser observada uma tendência para enquadrar o episcopado e as Igrejas locais. Com a promulgação do *Novo Código de Direito Canônico* (1983), que prescreve uma estreita dependência dos bispos com relação ao papa, inicia-se uma nova era de centralização. Sabemos que os padres conciliares não deram a devida atenção à dimensão canônica das reformas desejadas, inclusive da própria Cúria Romana. Esta, então, assumiu tal tarefa e o fez de modo unilateral. Trata primeiramente dos bispos antes de abordar as Igrejas locais, a essência da ordenação episcopal não mais inclui o governo de uma Igreja, reserva o título de "vigário de Cristo" ao papa

---

[16] J. RATZINGER. Konkrete Formen bischöflicher Kollegialität. In: J. HAMPE (Hrsg.). *Ende der Gegenreformation? Das Konzil, Dokumente und Deutung.* Stuttgard, Kreuz, 1964, p. 158. Citado por POTTMEYER, op. cit., p. 135.

(ignorando LG, 27), cuja sentença não admite apelo ou recurso por parte dos bispos, de tal modo que a responsabilidade colegial dos bispos não corresponde ao que desejava o Concílio.[17]

Posteriormente se retira das Conferências Episcopais seu magistério doutrinal através do *motu próprio Apostolos suos* (1998), indo contra uma tradição consagrada na Igreja com os patriarcados. Afirma-se ser a pertença a um colégio episcopal anterior ao cargo de presidir uma Igreja local, abrindo, assim, a porta para prelazias pessoais ou para seminários próprios de associações públicas de fiéis.[18] Essa afirmação é sem consistência teológica e contra a tradição.[19] Para H. Legrand tais medidas são de cunho disciplinar, não dogmático, já que não foram aceitas pelo Código de Direito Canônico das Igrejas orientais, que desfruta de igual autoridade em relação ao nosso Código.

O Documento de Aparecida, como os anteriores das Assembleias do CELAM, não entra intencionalmente na problemática teológica da sinodalidade, mas insiste na importância da Igreja local para a fé do indivíduo (164), na comunhão de todos na Igreja, à semelhança da comunhão

---

[17] H. LEGRAND. The Bishop in the Church and the Church in the Bishop. *The Jurist* 66 (2006), p. 70-92.

[18] H. LEGRAND. Les Évêques, les Églises Locales et l'Église entire. *Rev. Sc. Ph. Th.* 85 (2001), p. 478-482.

[19] F. TABORDA, op. cit., p. 108-112.

trinitária (155), comunhão essa que deve caracterizá-la (161) dotando-a de sua força de atração (159). Por outro lado, reconhece a insuficiência de uma Igreja de *cristandade* (12), advoga uma Igreja de rosto latino-americano e caribenho (100h), urge a necessidade de uma *conversão pastoral* (366), "de uma forte comoção que a impeça de se instalar na comodidade" (362), do recurso à imaginação para enfrentar os novos desafios (202). Trata também das reformas estruturais, recomendando o abandono das estruturas ultrapassadas que já não favoreçam a transmissão da fé (365). Já que todos na Igreja são missionários, deve a Igreja abrir-lhes espaços de participação e confiar-lhes ministérios e responsabilidades (211), sendo que os leigos devem ter parte ativa na elaboração e execução de projetos pastorais (213). Mais especificamente afirma que nos projetos diocesanos "os leigos devem participar do discernimento, da tomada de decisões, do planejamento e da execução" (371). Naturalmente essas orientações do Documento de Aparecida irão se efetivar diversamente nas várias dioceses da região, embora não se possa negar sua influência em alguns pontos importantes como a índole missionária de todo cristão (548), verdadeiro sujeito eclesial e competente interlocutor entre a Igreja e a sociedade (497), o encontro pessoal com Jesus Cristo (243s), a ênfase na evangelização e menos na sacramentalização, a missão a serviço da vida plena (cap. VII), a proximidade com os pobres (397s).

4

O PAPA FRANCISCO
E O PROJETO TRINITÁRIO
DE UMA IGREJA SINODAL

Querer sistematizar o pensamento do Papa Francisco se revela, de saída, uma empresa destinada ao fracasso. Pois não estamos lidando com um homem de ideias, de exposições doutrinais, de reflexões pessoais, mas com alguém preocupado primeiramente e antes de tudo com o *cuidado pastoral* que deve ter um ministro de Jesus Cristo. Sua visão apostólica se aproxima muito daquela de João XXIII, ao proclamar o Concílio Vaticano II. Tendo sua formação teológica e seus primeiros anos de ministério à luz da renovação eclesial trazida por esse Concílio, o Papa Francisco não entra na disputa entre suas várias interpretações, mas simplesmente procura tornar esse Concílio realidade. Como já foi afirmado: ele não fala sobre o Vaticano II, ele "faz o Vaticano II".[1] Sendo assim, não só suas palavras ou

---

[1] G. ROUTHIER. Les accents ecclésiologiques du pontificat du pape François. Une mise en oeuvre originale de *Lumen Gentium*. *Atualidade Teológica* 20 (2016), p. 551.

seus pronunciamentos, mas também seus gestos e suas opções recebem grande valência heurística, situadas num nível epistemológico superior ao dos acontecimentos corriqueiros. Naturalmente seria uma tarefa ingente e certamente sempre deficiente querer elencá-los todos, embora encontremos muitos deles descritos em obras mais biográficas ou em relatos de experiências pessoais com ele.[2] Também não nos foi possível examinar todos os seus diversos pronunciamentos, todas as suas homilias, entrevistas e textos anteriores a seu pontificado. Seria um objetivo desejável, mas que ultrapassa o alcance deste texto.

Ao tratar da sinodalidade no pontificado de Francisco, imediatamente emergem alguns termos-chave, podendo mesmo agrupar em torno a si os demais tópicos relacionados com o nosso tema. Preferimos, entretanto, seguir conservando a chave de leitura trinitária até aqui empregada, mesmo reconhecendo suas limitações. Procuraremos, na medida do possível, evitar repetições e nos contentar com alusões ao que vimos anteriormente.

---

[2] A. IVEREIGH. *The Great Reformer. Francis and the Making of a Radical Pope.* New York, Henry Holt, 2014; E. HIMITIAN. *A vida de Francisco. O papa do povo.* Rio de Janeiro, Objetiva, 2013; V. M. FERNÁNDEZ. *Il progetto di Francesco. Dove vuole portare la Chiesa.* Bologna, EMI, 2014.

O projeto do Pai: a eleição de um povo
em vista da realização do Reino de Deus

A prioridade do povo de Deus tal como vem atestada na Bíblia e é ressaltada pelo Concílio Vaticano II constitui também uma tônica nos pronunciamentos e nas opções do Papa Francisco. Por se tratar de um povo incumbido de uma tarefa (EG, 114), "a ação missionária é o paradigma de toda a obra da Igreja" (EG, 15), é uma Igreja "em saída" (EG, 20), sendo que todos seus membros devem assumi-la pelo fato de que todo "batizado, independentemente da própria função na Igreja e do grau de instrução da sua fé, é um sujeito ativo de evangelização" (EG, 120). Com outras palavras, a missão pertence sem mais à identidade do cristão (EG, 273). Portanto, sujeito da evangelização é todo o "povo que peregrina para Deus" (EG, 111), sujeito coletivo ativo (EG, 122), de tal modo que a missão da Igreja compete a todos os seus membros, verdade essa com significativas consequências.

A primeira delas contraria o nosso imaginário tradicional, apresentando a Igreja não a partir de sua hierarquia como já inovara o Vaticano II, mas a partir de sua base, do conjunto do povo de Deus, na qual "o cume se encontra sob a base", à semelhança de uma "pirâmide invertida".[3] Daí a

---

[3] Discurso do Papa Francisco por ocasião da comemoração do 50º aniversário da instituição do Sínodo dos Bispos (18/10/2015). *La Documentation Catholique*, n. 2521 (janvier 2016), p. 78.

necessidade de que todos sejam ouvidos na Igreja. E a razão é simples: todos são guiados pelo Espírito Santo, dotados do instinto da fé (*sensus fidei*) "que os ajuda a discernir o que vem de Deus" (EG, 119). Daí também a iniciativa, surpreendente para muitos, do Papa Francisco em escutar o povo de Deus por ocasião do Sínodo sobre a família, fato que se repetirá no próximo Sínodo sobre os jovens. Em suas próprias palavras: "Uma Igreja sinodal é uma Igreja que escuta, consciente de que 'escutar é mais do que ouvir'" (EG, 171).[4] Também os diversos conselhos atuantes depois do Concílio Vaticano devem ser escutados, respeitada sempre a liberdade dos fiéis.[5]

Na mesma linha afirma que os pobres

> têm muito para nos ensinar. Além de participar do *sensus fidei*, nas suas próprias dores conhecem Cristo sofredor. É necessário que todos nos deixemos evangelizar por eles (...). Somos chamados (...) a escutá-los, a compreendê-los e a acolher a misteriosa sabedoria que Deus nos quer comunicar através deles (EG, 198).

"Na piedade popular, por ser fruto do Evangelho inculturado, subjaz uma força ativamente evangelizadora que não podemos subestimar: seria ignorar a obra do Espírito Santo" (EG, 126).

---

[4] Ibid., p. 77.
[5] *Discurso do Santo Padre aos bispos responsáveis do CELAM* (28/07/2013).

Assim, o papa retoma a metodologia da *Gaudium et Spes* do Vaticano II, partindo da vida real em seus pronunciamentos. "É salutar prestar atenção à realidade concreta, porque os pedidos e os apelos do Espírito ressoam também nos acontecimentos da história" (AL, 31). Igualmente insiste que se deve considerar a situação real de cada ser humano às voltas com seus condicionamentos, antes de proferir um juízo moral (EG 44). Desse modo, manifesta um profundo respeito à trajetória pessoal de cada fiel, evitando descarregar sobre ele normas gerais, com precisão da capacidade individual de acatá-las. A vida cristã é, então, vista como um processo (EG, 166), "um caminho de crescimento no amor" (EG, 161) que deve ser acompanhado e ajudado (EG, 169), dando tempo ao tempo (EG, 171), já que Deus "não exige uma resposta completa, se ainda não percorremos o caminho que a torna possível" (EG, 153).

Ao abordar o tema das famílias, o papa não se esquiva de tratar das situações caracterizadas como "irregulares" (AL, 296), examinando-as concretamente (AL, 298), reconhecendo que o grau de responsabilidade não é igual em todos os casos (AL, 300) devido aos condicionamentos (AL, 301s), de tal modo que "a consciência das pessoas deve ser melhor incorporada na práxis da Igreja" (AL, 303), pois

nos custa deixar espaço à consciência dos fiéis, que muitas vezes respondem da melhor forma que podem ao Evangelho no meio de seus limites e são capazes de realizar o seu próprio discernimento perante situações em que se rompem todos os esquemas. Somos chamados a formar as consciências, não a pretender substituí-las (AL, 37).

O Papa Francisco na fidelidade à realização do projeto por parte do Filho

Ponto nevrálgico na reforma empreendida por Francisco em prol de uma Igreja sinodal vai ser uma correta compreensão das autoridades na Igreja. Suas palavras são claras: "Não esqueçamos isto jamais! Para os discípulos de Jesus, hoje e sempre, a única autoridade é a autoridade do serviço; o único poder é o poder da cruz". E mais adiante: "Entre vós não deverá ser assim. À luz dessas palavras compreendemos o que significa o serviço hierárquico".[6] Portanto, "na Igreja, as funções não justificam a superioridade de uns sobre outros" (EG, 104). Assim, aponta falhas na mentalidade de muitos agentes pastorais, mais administradores que pastores (EG, 63), satisfeitos "com o pragmatismo cinzento da vida cotidiana da Igreja" (EG, 83), sujeitos a um "mundanismo espiritual" (EG, 93) e numa "suposta segurança doutrinal ou disciplinar que dá lugar a um elitismo narcisista e autoritário" (EG, 94) que "se desdobra num funcionalismo

---

[6] Discurso de 17/10/2015, op. cit., p. 78.

empresarial" (EG, 95). O clericalismo é um sério obstáculo para uma Igreja realmente sinodal.

Assim, ao assumir a eclesiologia conciliar do "povo de Deus", o papa insiste na *participação ativa* de todos os fiéis na Igreja em razão do Batismo (EG, 102), sobretudo na contribuição importante das mulheres para a comunidade eclesial (EG, 103). Insiste também no potencial evangelizador dos pobres, cuja piedade autêntica se expressa mais "pela via simbólica" (EG, 124), "manifestação de uma vida teologal animada pela ação do Espírito Santo" (EG, 125), constituindo mesmo um *lugar teológico*[7] (EG, 126) desde que abordado "com o olhar do Bom Pastor" (EG, 125). Portanto, considera os pobres como protagonistas importantes para a sinodalidade da Igreja.

Na mesma linha recomenda que se "deverá estimular e procurar o amadurecimento dos organismos de participação propostos pelo Código de Direito Canônico" (EG, 47). "Somente na medida onde tais organismos permanecem conectados com a 'base' e partem das pessoas, dos problemas de cada dia, é que uma Igreja sinodal pode começar a se formar".[8] Deveríamos também reabilitar certos aspectos da antiga organização eclesiástica, pois nossas instâncias

---

[7] J.-F. CHIRON. *Sensus fidei* et une vision de l'Église chez le pape François. *RSR* 104 (2016), p. 187-205.

[8] Ibid., p. 79.

intermediárias não concretizam ainda plenamente o espírito de colegialidade desejado pelo Concílio, já que o papa não deve substituir os episcopados locais em questões de seus territórios (EG, 16). Coerente com sua intenção de descentralizar mais a vida da Igreja, o Papa Francisco inova ao citar em suas Exortações Apostólicas as contribuições dos diversos episcopados pelo mundo, dando um exemplo do que pode ser uma Igreja sinodal.

Somos todos chamados a construir uma Igreja sinodal que esclareceria melhor o sentido do primado petrino e serviria de sinal erguido para as nações (Is 11,12), num mundo onde minorias exploram populações inteiras.[9] Aqui o papa sintoniza perfeitamente com a intenção divina de constituir um povo plasmado pela fraternidade e pela solidariedade que proporcionasse uma vida humana mais feliz e servisse de modelo para a sociedade. Não é esse o programa do próprio Jesus em seu Sermão da Montanha dirigido a seus discípulos?

O Papa Francisco em sintonia com o Espírito Santo

Toda reforma autêntica nasce da ação do Espírito Santo, fator de renovação na Igreja, que nos obriga a sair da zona de conforto e segurança para trilhar novos caminhos que o momento histórico exige. A fidelidade ao Espírito

---

[9] Ibid., p. 79s.

significa saber escutar "os sinais dos tempos" através dos quais ele se manifesta, saber discernir nas realidades humanas a presença atuante de Deus, confiante que o Espírito Santo atinge a todos na Igreja. "Cada cristão e cada comunidade há de discernir qual é o caminho que o Senhor lhe pede" (EG 20). A atenção ao Espírito Santo corrige assim uma Igreja que acentuava textos doutrinais e imperativos éticos gerais, sem ter em consideração a ação do Espírito, resultando daí limitada eficácia pastoral.

O papa valoriza sobremaneira a ação do Espírito no povo simples. "Além de participar do *sensus fidei*, nas suas próprias dores conhecem Cristo sofredor. É necessário que todos nos deixemos evangelizar por eles" (EG, 198). Na piedade popular o protagonista é o próprio Espírito Santo (EG, 122), assim não podemos subestimá-la, "pois seria ignorar a obra do Espírito Santo" (EG, 126). É o mesmo Espírito que renova e edifica a Igreja, nela suscitando diversos carismas, cuja diversidade não ameaça a unidade eclesial desde que não se feche em particularismos e exclusivismos (EG, 130s).

Nesse contexto não podemos omitir a herança espiritual que o papa, como jesuíta, recebeu de Santo Inácio de Loyola. A experiência pessoal desse santo nos ensina que Deus age diretamente na criatura, cabendo ao cristão saber captar e interpretar essa ação divina. Para ajudá-lo, Santo

Inácio oferece as conhecidas "regras para o discernimento dos espíritos" (*Exercícios espirituais*, 313-336), para examinar bem de onde brotam os desejos, as afeições, as pulsões e as tendências presentes na pessoa. Espiritualidade exigente que não aceita uma obediência infantil à autoridade nem submissão incondicional a princípios teóricos. Espiritualidade que deixa à pessoa a responsabilidade de buscar e achar continuamente a vontade de Deus ao longo de sua vida. Espiritualidade que supõe uma pessoa realmente madura e livre.

O respeito à liberdade pessoal, a importância dada à experiência e à disponibilidade para com o agir de Deus vão caracterizar também o modo de proceder de Inácio como superior-geral da Ordem. Se Deus fala através dos acontecimentos e da própria experiência, é importante aprender da vida concreta e não querer impor uma norma teórica ou ideal, que, não podendo ser cumprida, ocasionaria mais mal do que bem. Essa característica de Inácio vai marcar fortemente a espiritualidade dos jesuítas. Apresentar o ideal evangélico, mas examinar também as condições reais da pessoa para vivê-lo. Daí a necessidade do *discernimento contínuo*.[10]

---

[10] Perguntado sobre que ponto da espiritualidade inaciana o ajuda melhor a viver o seu ministério, o Papa Francisco respondeu: o discernimento. Ver A. SPADARO. *Entrevista exclusiva do Papa Francisco*. São Paulo, Paulus/Loyola, 2013, p. 10.

E como a nossa vida é uma sucessão contínua de imprevistos, eventos, situações novas, algumas bem complexas, como cristãos somos compelidos a discernir que decisões afinal Deus espera de nós. Pois o imperativo da caridade nos faz entrar numa aventura marcada por opções reais. Santo Inácio afirmava já que "o amor consiste mais em obras do que em palavras" (*Exercícios espirituais*, 230), e o Papa Francisco faz eco a essa verdade quando diz que "a realidade é superior à ideia" (EG, 233). Desse modo, condena "os nominalismos declaracionistas, os projetos mais formais do que reais, os fundamentalismos anti-históricos, os eticismos sem bondade, os intelectualismos sem sabedoria" (EG, 231).

Não nos surpreende, portanto, que o papa situe sua Exortação Apostólica "na linha de um *discernimento evangélico*" (EG, 50), devendo então "cada cristão e cada comunidade discernir qual o caminho que o Senhor lhe pede" (EG, 20), sendo que até preparação de homilia "se transforma num exercício de discernimento evangélico" (EG 154). Então compreendemos porque Francisco opta por uma abordagem pastoral em seus pronunciamentos, descartando uma evangelização por meio de imposição de pacotes doutrinais ou morais "que tentam impor-se à força de insistir" (EG, 35). Daí também a importância do *tempo*: ao considerá-lo "superior ao espaço" (EG, 222) assume a "tensão entre plenitude e limite, dando prioridade ao tempo", sendo assim mais importante "iniciar processos do que possuir espaços" (EG, 223).

A preocupação em evitar juízos universais sem ter em conta a situação real das pessoas volta claramente na Exortação apostólica *A alegria do amor.* "É preciso evitar juízos que não levam em consideração a complexidade das diversas situações e é necessário prestar atenção ao modo como as pessoas vivem e sofrem por causa de sua condição" (AL, 296). O papa recomenda o "diálogo pastoral" para melhor conhecimento da situação concreta vivida pela família e assume a "lei da gradualidade" proposta por João Paulo II, ao reconhecer que o ser humano conhece e vive sua vida moral passando por diversas etapas de compreensão e de capacidade de realizar o que pedem as exigências objetivas da lei (AL, 295). Embora pareça que nos afastamos do nosso tema, tal não é verdade, pois escutar e levar a sério o que comunica a "base", também atingida pelo Espírito Santo, não passa de uma concretização evidente da sinodalidade eclesial, do caminhar juntos para o Pai. Todos são Igreja, todos são evangelizadores, todos contribuem para o projeto do Pai revelado em Jesus Cristo e possibilitado pela ação do Espírito Santo.

Mesmo que tenhamos abordado temas diversos, constatamos, numa reflexão final, que todos eles constituem *componentes intrínsecos* do que entendemos por sinodalidade eclesial. O lugar prioritário do povo de Deus, que deve ser escutado e assim participar ativamente da vida eclesial, a capacitação para a missão evangelizadora de cada cristão devido a seu Batismo, o respeito à consciência de cada indivíduo na Igreja, a autoridade vista na perspectiva de serviço à comunidade, o respeito às instâncias intermédias na Igreja, a fidelidade ao Espírito Santo sempre a renovar a caminhada dos fiéis, o importante papel enriquecedor dos pobres para o conjunto da Igreja, constituem, sem dúvida, elementos presentes na reforma empreendida pelo Papa Francisco e no seu empenho por uma Igreja sinodal, confirmando sua intenção de tornar realidade a conquista do Concílio Vaticano II.

SUMÁRIO

Introdução 7

1. O projeto do Pai para a humanidade 13

2. Como Jesus Cristo proclamou e realizou este projeto ... 19

3. A ação do Espírito Santo nas comunidades cristãs .. 27

4. O Papa Francisco e o projeto trinitário
   de uma Igreja Sinodal 39

Rua Dona Inácia Uchoa, 62
04110-020 – São Paulo – SP (Brasil)
Tel.: (11) 2125-3500
http://www.paulinas.com.br – editora@paulinas.com.br
Telemarketing e SAC: 0800-7010081